VINCERE IL NARCISISTA IN TRIBUNALE

e difendere i tuoi figli

Jafeth Mariani

Disegni originali di Jafeth Mariani.

Bibliografische Information der Deutschen Nationalbibliothek:
Die Deutsche Nationalbibliothek verzeichnet diese Publikation in der Deutschen Nationalbibliografie; detaillierte bibliografische Daten sind im Internet über http://dnb.dnb.de abrufbar.
© 2021 Jafeth Mariani
Herstellung und Verlag: BoD – Books on Demand, Norderstedt
ISBN: 978-3-7557-5200-4

Jafeth Mariani

VINCERE IL NARCISISTA IN TRIBUNALE

e difendere i tuoi figli

Per:

Le madri che ancora stanno lottando

UOMINI E DONNE, NARCISISTI   11

QUESTO LIBRO È PER TE, SE: 13

LA COSA PIÙ IMPORTANTE   15

DECIDI BENE IL TUO OBIETTIVO   17

COSA FARÀ IL NARCISISTA IN TRIBUNALE.   19

COSA PUOI FARE?   22

RISPONDI IL MENO POSSIBILE   23

OCCHIO ALLE DOMANDE DI "POSIZIONAMENTO"   25

NON OFFENDERE   28

PORTA CON TE UNA BOTTIGLIA D'ACQUA.   29

UNA PIETRA GRIGIA   30

NON GUARDARE IL NARCISISTA   32

USA LA TERZA PERSONA   33

NON MENZIONARE IL NARCISISMO   34

GOOD COP E BAD COP   35

NON PUNTARE IL DITO   36

NON LAMENTARTI DELLA LEGGE   37

PROVE (REGISTRAZIONI AUDIO E VIDEO)   38

NON SPAVENTARTI ANZI… GIOISCI!   39

SII DIPLOMATICA   40

SII UNA GIORNALISTA   41

RESPIRA   42

CAMBIA IL TONO   43

SII BREVE, CONCRETA E CONCISA   44

ALTRE POSSIBILI FRASI / RISPOSTE CHE PUOI DARE   45

IL BAMBINO RIBELLE   48

IL PADRE È IMPORTANTE   **51**

PERFEZIONE   **52**

MANTRA   **54**

Ovviamente **narcisisti possono essere di qualsiasi sesso**. Per semplificare, parlo qui di un narcisista uomo – padre - ma spero di non fare arrabbiare i padri. Si potrebbe scrivere il libro allo stesso modo se si trattasse di una madre narcisista.

Siccome la maggior parte dei miei clienti è donna, e siccome spesso sono donne **in panico perché devono affrontare l'ex marito narcisista in tribunale**, quella persona che le ha fatte soffrire per lungo tempo e ancora le fa soffrire usando i figli contro di loro, ho deciso di scrivere bianco su nero tutti i consigli che do di solito per queste clienti.

So che è sbagliato dire narcisista, nel senso che dovrei scrivere "**Narcisista patologico**".

Però questo libro è inteso come un libretto semplice, ma effettivo da poter leggere da **CHIUNQUE anche solo un'ora prima dell'appuntamento in tribunale per rilassarsi o per concentrarsi meglio su come ci si deve mostrare davanti al giudice.**

Questo libro è per te, se:

… devi incontrare in tribunale il tuo ex marito per decidere quanto egli possa vedere i bambini ma soprattutto se i bambini ti hanno raccontato che il padre gli ha fatto del male.

Non sto parlando di molestie sessuali o molestie fisiche della serie che vengono picchiati a sangue. Ma è tipico dei narcisisti, che vorrebbero sempre avere su tutto e tutti il controllo assoluto,

- incominciare un po' alla volta a utilizzare **punizioni** se il bambino non fa quello che vuole il padre

- queste punizioni possono **anche essere fisiche**

- **Manipolare i bambini contro la madre,** per punirla.

Anche queste punizioni sono già abbastanza gravi e inaccettabili.

La cosa più difficile e più importante in tribunale è: **rimanere calmi.**

Se non rimani calma, se reagisci con rabbia, se litighi, appari davanti al giudice - stufo di sentire genitori litigare - come una persona antipatica, irascibile, e può immedesimarsi nel tuo concorrente, il "narcisista" (se questo è furbo e rimane calmo).

Se rimani calma, il narcisista non ti riconosce – di solito ti saresti difesa con tutte le tue forze contro le calunnie - e spera di strapparti la calma con altre accuse sempre più astruse, e se vede che anche questo non funziona, **forse esplode e si espone per quello che è, una persona che odia** non avere il controllo e il potere sugli altri.

Per esempio, se tu prima di entrare in tribunale ti dici:

"Il mio obiettivo è che LUI venga visto come "narcisista" e finisca in prigione o venga costretto a fare una terapia" ...

... allora puoi essere quasi sicura che perderai. Non funziona.

Devi avere **obiettivi chiari, possibili, che siano basati sui fatti e non su diagnosi che un giudice non può fare.**

Per esempio:

"Il mio obiettivo è vedere i bambini X giorni al mese" oppure "... che i bambini per il momento vedano il padre solo accompagnati visto che i bambini hanno raccontato di molestie, e nel frattempo fare vedere i bambini da uno psicologo per capire meglio cosa sia successo davvero" ...

... allora, basando la tua difesa su fatti inopinabili, e su una tua calma inossidabile, puoi vincere.

Ti spiego come fare. Prima però devi sapere cosa ti aspetta.

Cosa farà il narcisista in tribunale.

- Cercherà di **umiliarti**, cercherà di rovinare la tua reputazione e potrebbe persino rivelare intenzionalmente informazioni private, riservate.

- Farà finta di essere "**preoccupato per te**" o almeno scioccato dal tuo nuovo comportamento.

- Durante e dopo la campagna diffamatoria, egli potrebbe interpretare il **ruolo della vittima** e forse anche spingere qualche lacrimuccia falsa.

- Farà finta che tu sia quella che ha causato l'intera situazione e/o che sei impazzita e che **influisci negativamente i bambini**.

- Muovendo la compassione delle persone presenti, rafforzerà il suo punto di vista: è stato ferito da te e **i bambini stanno soffrendo**, **vedendo come lo tratti,** ecco perché i bambini stanno male ed è per questo che i bambini hanno dei Tic o nervosismo.

- Egli è stato abusato, picchiato da te e tu approfitti dei bambini per aggravare questa situazione, ecco perché **i bambini diventano aggressivi** sono contro il padre e lui è quindi stato costretto a fermarli. Non ha mai voluto essere duro, ma i bambini - da te tanto manipolati - hanno picchiato forte e per fermarli gli ha fatto involontariamente del male (se mai lo ammette).

- Conclusione: La strategia del narcisista si chiama Hoover (aspirapolvere), proprio perché **sta letteralmente cercando di risucchiarti in un luogo pieno di bugie**.

- Anche se hai le prove migliori PERDI se ti lasci risucchiare urlando in tribunale. Ecco l'isterica! ... pensa il giudice.

Cosa ti ferirà di più e quindi a cosa devi stare più attenta?

- Quando lui dirà che **non sei una buona madre**, hai sbagliato questo o quello / fatto troppo poco. Qui rischi di crollare, perché tutto si può dire di te tranne che tu non sei una buona madre, e quindi decidi di rispondere con insulti o portando esempi di come LUI non sia un buon padre, senza esserti preparata a portare dei fatti: litighi e dimostri di prendere le cose troppe personalmente, anche se hai tutte le ragioni.

E allora?

Cosa puoi fare?

- **Rispondi solo al giudice**, mai all'avvocato del Narcisista o a lui direttamente. Chiarisci questo con il tuo avvocato.

Se proprio necessario rispondere:

- Lascia parlare a lungo, aspetta che finisce, fai un bel respiro, chinati di fronte e rispondi – senza risultare spavalda bensì con uno sguardo del tipo "ci vorrebbe troppo tempo a spiegare" e rispondi con una frase del tipo:

"Non è così"
oppure:
"Io non l'ho vissuta così"

Se vuoi aggiungi:

"Io la vedo in un altro modo ma ci vorrebbe troppo tempo per spiegare, oggi siamo qui per un altro motivo..."

e riappoggiati indietro sulla sedia e lascia parlare il tuo avvocato che deve assolutamente sempre riportare la discussione sul tuo obiettivo/tema principale /i tuoi fatti / le tue prove.

Vantaggio: *hai obiettato, ma sembri calma.*

Vantaggio 2: *Il tuo ex non ti conosce così ed è confuso e si ferma o si arrabbia e ti sgrida, cosa che va a tuo favore.*

Occhio alle domande di "posizionamento"

Occhio a domande del tuo ex o del suo avvocato della serie:

"Ti fidi di me?"

Se dici SI, sarà dura controbattere a ogni altra risposta che arriva tipo: "... e allora perché fai così, perché non mi rispondi..." ecc. – ti costringe a scusarti o a rispondere ancora e a portare l'attenzione sulle tue mancanze/sul tuo modo di comunicare con il narcisista.

Se rispondi NO, hai appena insultato l'interlocutore. E allora fai una brutta figura davanti al giudice e altri in tribunale che per la posizione che hanno tendono (devono farlo) a una mediazione!

*Rispondi se proprio devi con una **risposta esplorativa** della serie:*

"Stiamo parlando di altre cose, la questione non è se ho fiducia o no, bensì i bambini hanno bisogno di X... Siamo qui per approfondire X... l'argomento da trattare è X...."

Insomma, torna ai fatti subito!

Altre domande trappola sono:

- Come lo spieghi?
- Cosa ne pensi?
- Come può essere?
- Qual è la tua opinione/posizionamento su questo argomento?

Meglio non rispondere, perché qualsiasi cosa rispondi, egli convincerà gli altri che 1) la tua risposta è assurda o 2) che non agisci coerentemente a come pensi.

In breve, quindi è sempre meglio:

- Fare finta di trovare intelligente la domanda
- Girarla al tuo ex o riportare il discorso sul tema che ti interessa.

Esempio:

- "E' una domanda interessante, che ne pensi TU?

- "Interessante domanda, devo pensarci, qual è la tua opinione?"

- "Interessante domanda… ma oggi ci sono temi più importanti".

Non offendere

Cerca di non offendere. Non dire "è cattivo" "è un narcisista" "è un mostro" ecc.

Cerca di rimanere calma e di mostrare la sua cattiveria solo attraverso le prove e i fatti.

Il giudice stesso deve farsi un'opinione.
Se tu etichetti il narcisista in qualsiasi modo, la tipica reazione del giudice è di non accettare opinioni personali guidate dagli affetti.

Porta con te una bottiglia d'acqua.

Lascia la bottiglia piena fino alla fine come simbolo che nulla ti può essere tolto (la tua verità, il tuo amore per i bambini, la tua calma interiore) .

O immagina che ci sia solo una verità nella stanza piena di bugie, la tua, che bevi ancora e ancora, per calmarti.

Una pietra grigia

Portati nella tasca una pietra grigia che puoi tenere stretta nella mano per:

scaricare la tua rabbia mantenendoti calma, rimanere indifferente alle accuse
ricordarti di non reagire, rimanere fredda, non emozionale come una pietra grigia
essere noiosa per il narcisista, non offrirgli emozioni.

Questo non vuol dire che devi risultare fredda davanti al giudice.

Al giudice puoi mostrare sentimenti, per esempio, la tua preoccupazione per i figli. La pietra deve servire solo per rimanere calma col narcisista.

Non guardare il narcisista il più possibile in modo che non possa leggere sul tuo viso se stai bleffando, potresti svelargli le tue insicurezze.

Oppure se proprio devi guardarlo:

- **Immagina una mosca dietro la sua testa** e segui quella con lo sguardo

- guardalo in quel punto fra gli occhi, dove inizia il naso, per così dire nel suo "terzo occhio".

Usa la terza persona

È meglio parlare come se fosse una terza persona, non offendendo o denigrando, bensì perché questo stratagemma porta il narcisista ad arrabbiarsi e questo potrebbe portarlo a sgridarti davanti al giudice, cosa che **mostrerebbe la sua incapacità di mantenere il controllo.**

Quindi dicendo:

- "il mio ex-marito..."
- " Il padre dei bambini pensa che..."
- "Io rispetto l'opinione del Sig. Bianchi ma..."

Non dire, che secondo te il tuo ex è un narcisista a meno che tu non abbia prove, diagnosi di medici.

Il giudice ha tempo solo un'ora per farsi una idea del tuo ex. Non può basarsi su opinioni personali, deve rimanere sulle prove e sui fatti e ha bisogno di questi per poter farsi un'idea di chi sia il tuo ex.

Aiuta il giudice rimanendo calma e il più obiettiva, neutra possibile. Egli ti vedrà quasi come una persona disponibile e decisa a dare al giudice il massimo dell'informazione.

Egli ha a che fare, generalmente, tutto il giorno con persone che litigano per le cose più assurde e l'ultima cosa di cui ha bisogno di vedere due ex che litigano dicendosene di cotte e di crude.

Good Cop e bad Cop

Tu sei il good cop, e il tuo avvocato è il bad cop.

Egli può fare tutto ciò che tu devi evitare: può parlare direttamente al tuo ex, può incolparlo, può dirgli che sta dicendo bugie usando le tue prove e la sua esperienza. **Quindi stai rilassata e lascia che il tuo avvocato sia il tuo bodyguard.**

Quando parli, sei la mamma neutra e rilassata che non prende le cose personalmente, ma che si preoccupa dei figli senza esagerare.

Non puntare il dito

Non fare l'errore di puntare il dito sul tuo ex dicendogli cattiverie. "Sì ma TU hai fatto questo o quello".

Non lamentarti della legge

Non lamentarti mai della tua situazione in tribunale/in tribunale... per come stanno andando le cose, per come sono le leggi.

Per esempio, se ti sembra che il tuo ex stia ricevendo troppo spazio, e vorresti dire "ma possibile che io ricevo meno tempo per parlare? La legge dovrebbe rispettarmi!" ... **potrebbe essere letta come una offesa verso il giudice.**

Lascia il tuo avvocato decidere se sia il caso di interrompere e dire che ora tocca a te dire la tua.

A volte il fatto che uno parla di più non significa per forza che sia visto meglio, anzi magari anche il giudice pensa: ma quando la smette?

Prove (registrazioni audio e video)

Se hai prove su supporti audio e video non nominarli se non dopo consultazione con il tuo avvocato. Potrebbero essere illegali o metterti in cattiva luce ("Ecco è una paranoica che registra tutto di nascosto").

In casi specifici il giudice può decidere di ammettere questo tipo di prove (per esempio gravi situazioni di violenza su bambini su cui è necessario avere delle prove), ma in generale è proibito usarli.

È possibile utilizzare invece liberamente SMS o e-Mail, chat scritte o Voicemails di WhatsApp eccetera, insomma tutti quei supporti dove ognuno sa che ogni cosa detta o scritta può essere usato contro di lui.

Quando il tuo ex si arrabbiato, **più grida e più ti attacca meglio è: sta dimostrando che hai ragione, si può avere paura di una persona così irascibile.**

Quindi dentro di te gioisci pure e aspetta che sia il tuo avvocato o addirittura il giudice a riprenderlo. Non difenderti e non urlargli!

Peggio per lui!

Il tuo ex, a meno che non sia proprio uno stupido, starà attento a non diffamarti direttamente in tribunale. Invece, **troverà modi sottili per farti fare una brutta figura**, come: "Si sforza tanto di essere una buona madre, ma temo che il suo odio per me possa turbare i bambini".

Mantieni la calma e rispondi qualcosa del tipo: "Sono contenta che il mio ex sia preoccupato per i bambini, l'avrei sempre desiderato quando eravamo insieme... Dobbiamo ora fare in modo che questi bambini crescano tranquilli."

Puoi anche tu usare la frase scritta sopra:
 "So che il mio ex marito cerca di essere un buon padre, ma sono preoccupato che la sua... (rabbia, irrequietezza, impazienza, perfezionismo) peserà sui figli..."

Se sei nervosa, fai finta di essere un giornalista che racconta le notizie in TV. O una di quelle meteorologhe che leggono le previsioni del tempo e stai dicendo: ieri il nostro rapporto era una tempesta, prevedo una tempesta anche domani.

Per dire che devi cercare di **rimanere neutra e solo descrivere le situazioni senza andare troppo nell'emozione.**

Respira

Consiglio scontato ma sempre importante.
Prima di dire qualsiasi cosa, prenditi un
respiro profondo. Datti questo tempo. Tutto
quello che dirai sarà ascoltato con più
attenzione.

Cambia il tono

Quando si vuol fare capire ai bambini che ora si sta dicendo qualcosa di importante, non bisogna per forza alzare la voce.

Molto più importante è che invece che seguire le emozioni e andare su e giù con la voce, si introduca **un modo di parlare quasi neutrale, ma diretto e sempre sullo stesso tono**.

Come quando in aereo dicono: allacciate ora le cinture di sicurezza.

In questo modo i bambini, ma anche in tribunale, tutti si accorgono che stai dando degli annunci importanti, senza sbraitare.

BLA! BLA! Bla! Bla!

WORD WORD

Se non ti viene chiesto esplicitamente di raccontare la vostra storia dagli esordi, rimani breve nei tuoi racconti, concreta il più possibile. Non cercare di occupare troppo spazio, non sovraccaricare di notizie irrilevanti o troppo di "lato" ("Me lo diceva anche mia zia che non ci si può fidare del mio ex...") - ricordati: devi aiutare/informare il giudice, non bombardarlo di notizie o cercare di manipolarlo.

Ogni essere umano può in questa ora di tribunale ricordarsi di TRE cose in particolare.
Tutto il resto viene più o meno dimenticato o non preso in considerazione.

Quindi concentrati a dire il necessario e basta.

- Per fare questo, ho bisogno di tempo per rispondere

- Sono un po' preoccupata per i bambini, mostrano stranezze comportamentali quando tornano dal padre, penso che sarebbe fantastico se il contatto con il padre tornasse ad essere positivo....

- Non mostrare panico! Piuttosto che dire "Da quando il mio bambino ha detto che... Dio mio sono tanto preoccupata!!!! Non dormo più! "è meglio se dici "Il mio bambino ha detto che... ciò ovviamente mi preoccupa seriamente e questo è il motivo per cui sono qui, per chiarire cosa sia vero di tutto ciò e capire di cosa abbia bisogno davveroo il bambino."

- Posso capire cosa sta cercando di dire il mio ex marito, ho bisogno di tempo per vedere come posso soddisfare queste aspettative.

- Quello che dice il mio ex è interessante.... Ma non sono sicuro che stia parlando di me in questo momento.

- Mi dispiace che la pensi così, probabilmente non posso aiutarti a cambiare idea. Ma NOI abbiamo dei figli, e questo è molto più importante della nostra personale visione delle cose.

- Posso rispettare il giudizio su di me del mio ex marito, ma non devo accettarlo, e in ogni caso non si tratta qui di noi, ma dei bambini che hanno bisogno di stare bene aldilà delle nostre opinioni o litigi.

- Non ho il diritto di controllare o criticare ciò che pensa il mio ex marito o come mi vede, ma oggi vorrei solo capire cosa è meglio per i bambini.

- Capisco la rabbia/l'infelicità/la tristezza del mio ex marito, ma non è nella mia responsabilità che lui si senta così.

- Non sono qui per litigare con te, voglio solo chiarire come sta il bambino, di cosa ha bisogno.

Se vedi il narcisista come un bambino ribelle, puoi vincere.

L'immagine brillante del narcisista nasconde un bambino ferito e smarrito.

Trattalo bene in tribunale, come un bambino che va su tutte le furie - non punirlo!

Immagina un bambino ribelle che lancia qualcosa per terra e ti dice: non sono stato io, sei stato tu / è stata colpa tua, perché hai messo il bicchiere qui!

Se ora dici: No e colpa tua!... non finisce più e fate una bruttissima figura. Lui ti incolpa e tu incolpi lui – dimostrate di non essere all'altezza del vostro dovere di genitori.

Ma se tu dici, per esempio: capisco che sei arrabbiato, figlio mio, se qualcosa non va

come vuoi, ma nessuno è sempre perfetto…
mettiamo a posto le cose insieme, ok?

Allo stesso modo puoi dire in tribunale:

- Capisco che il mio ex possa essere
  arrabbiato, se le cose non vanno come
  lui vorrebbe, ma oggi non mi sembra
  importante stare qui a litigare su chi ha
  più o meno torto, … i bambini hanno
  bisogno del nostro aiuto.

Quindi importante, come con un bambino
arrabbiato, sempre cercare di allentare il
conflitto:

- Sì, lo capisco…
- Sì, cerco di capire, …
- Sì, interessante, nonostante ciò`…
- Sì, è una visione delle cose, eppure…
- Sì, va bene, la cosa più importante
  rimane che …

- Sì, mi dispiace, ovviamente, che non posso condividere la tua opinione, ma discuterne non ha alcun senso, non è questo il punto oggi...

Quando lui butta una frase del tipo: il bambino ha bisogno di suo padre!!

Rispondi: sono assolutamente d'accordo e so esattamente quanto sia importante la figura paterna.

Per questo non sono qui per togliere un qualcosa al padre, bensì per dare al bambino la possibilità di avere incontri positivi con il padre, in modo che non debba soffrire, subire punizioni...

Perfezione

A qualche accusa puoi anche rispondere:

- Capisco che tu esiga che io sia perfetta con i figli, ma nessuno di noi è perfetto

- Non me lo aspetto neanche dal padre di essere perfetto,

- ... anzi secondo me dobbiamo cercare che i bambini non crescano in un mondo dove devono essere perfetti, come delle macchine che fanno sempre tutto giusto.

- Non voglio crescano in un mondo dove vengono puniti se non sono perfetti.

- Dobbiamo dimostrare al bambino che la violenza non è una soluzione, non solo con le parole ma anche coi gesti.

- Spero che il mio ex marito sia d'accordo che la violenza non può essere una soluzione.

- Sono una donna-trainer - un allenatore per i bambini - sono in secondo piano e vedo se si allenano bene per la vita, si tratta di loro e non di me. Non devo reagire su brutte cose che vengono dette su di me.

- Qualunque cosa accada, rimango calma perché più rimango calma, maggiori sono le possibilità di vincere.

- Riconosco che il solo fatto che io sia qui in tribunale significa solo una cosa: IO sono quella che si è liberata da lui – IO sono sopravvissuta - quella che ha ripreso il controllo della sua vita e sei quella che protegge i bambini dal narcisista ora.

- Invece di sentirmi debole e timorosa, ho il diritto di sentirmi forte: combatto

come una madre adulta per i miei figli
mentre lui è un bambino ribelle con il
suo patetico tentativo di riprendere il
controllo della mia vita.

- A lui non importano davvero i
  bambini, a lui interessa solo avere il
  controllo.

- Non sono più in debito con il mio ex
  marito. Deve essere un buon padre e
  questo non ha più niente a che fare con
  me.
  Io devo fare bene il mio lavoro di
  madre, e lui di padre.
  Sta a lui ora.

- Il fatto che io sia qui ha solo a che fare
  con il fatto che non sta facendo bene il
  suo lavoro di padre. Non ha niente a
  che fare con me, non importa se lui
  dice il contrario.

- Ho tutto il diritto di prendere le mie decisioni, di amare ciò che voglio e chiunque io voglia, e di essere la versione migliore e più perfetta di me stesso in ogni momento. Non potrà mai cambiare nulla al riguardo, non importa quello che dice e indipendentemente dal risultato in tribunale.

- Il fatto che io sia in tribunale ora non è un fallimento. Genitori normali parlebbero fra di loro e risolverebbero senza avvocati ma: IO SO che il narcisista ti ha dimostrato abbastanza di non avere interessa a un dialogo NORMALE. Egli vuole solo vincere SEMPRE - per principio. Quindi è normale e necessario risolvere in tribunale queste cose.

- Se nel passato non ho difeso i bambini abbastanza dal padre, non mi faccio colpe. Hai cercato di dare loro una vita normale come se il padre fosse una persona normale. Ora so che lui ha un problema, una patologia e sto agendo di conseguenza.

- Comunque vada potrò sempre guardarmi allo specchio e dirmi che ho difeso mio figlio.

- Qualunque cosa sia successa, è bene che i bambini vedano che sto cambiando e che li sto difendendo. È importante che capiscano che le persone non devono essere perfette. È positivo per i bambini che gli adulti a volte dimostrino di capire di aver preso strade sbagliate e che ora cercano di correggere il tiro.

- Il narcisista vorrebbe fare di loro dei robot perfetti che rispondono ai suoi comandi e cerca in tutti i modi di denigrarmi ai loro occhi. E non ammette MAI di avere fatto errori.

- E 'quindi importante dire ai miei figli che se fino ad ora non li hai difesi abbastanza, è perché anche tu non potevi credere a tanta ingiustizia, ma ora che te ne sei accorta stai facendo di tutto per difenderli e speri sempre che il papà cambi e diventi una persona positiva e matura.

- Anche se dentro di me so, è quasi impossibile che il narcisista cambi. Ma forse, con questa giornata in tribunale, riceve una lezione dove perlomeno tratterà meglio i bambini o troviamo strade in modo che i bambini possano soffrire sempre meno.

- Per i bambini questa situazione non è facile, ma sempre meglio che avere paura del padre e non sentirsi difesi.